Lk 1509
A.

OBSERVATIONS

Soumises à NOSSEIGNEURS *de l'Assemblée Nationale, au nom de la Commune de* CAEN *,*
PAR *ses* DÉPUTÉS *extraordinaires.*

DE tous les travaux de l'Assemblée, le
plus important, peut-être, est celui qui a
pour objet l'organisation de l'ordre Judiciaire. Aucune des parties du système politique
n'importe aussi essentiellement au sort des in-
dividus & au bonheur de la société. La con-
servation de l'honneur, de la vie & de la
fortune, dépend de l'administration de la Jus-
tice ; & les diverses combinaisons de l'intérêt,
toutes les transactions de la vie sociale, le
jeu si varié des passions, attachent par mille
liens au pouvoir Judiciaire l'existence civile
& domestique des Citoyens de tous les rangs
& de toutes les classes. Il n'est donc aucune
partie de la Constitution, qui exige plus de
soins, de recherche & de perfection.

L'ancienne organisation étoit absolument
vicieuse ; elle rappeloit les siècles de féoda-
lité, dans l'ignorance desquels elle avoit pris

A

naiſſance. Cet édifice gothique ne pouvoit plus ſubſiſter dans un ſiècle de lumiére & de régénération.

Un de ſes plus grands inconvéniens étoit d'avoir placé la Juſtice à des diſtances trop éloignées des juſticiables.

Auſſi, toutes les fois que l'adminiſtration a oſé toucher à ce coloſſe impoſant, a-t-elle eu particuliérement en vue de réformer ce vice de la Conſtitution.

Le Comité de l'Aſſemblée Nationale, chargé du travail relatif à l'ordre Judiciaire, ne pouvoit pas négliger ce point eſſentiel & fondamental de la régénération dont il s'eſt occupé.

De-là, dans ſon projet d'organiſation, la gradation des Tribunaux dans chacune des grandes ſections adminiſtratives du Royaume ; de-là les jugemens en dernier reſſort, juſqu'à certaines ſommes & en certaines matiéres, dans chacun de ſes degrés de juriſdiction. De-là enfin, la Juſtice établie preſque ſous la main des juſticiables & près de leurs foyers.

Pour bien remplir ce grand plan, il eſt in

dispensable de placer convenablement les Cours Supérieures ; car quant aux autres Tribunaux, leur siége est désigné par l'indication même des chefs-lieux de ses sections dans l'ordre administratif, & les convenances qui ont servi à une désignation consacrent l'autre. Mais il n'en est pas de même du siége des Cours Supérieures, & leur indication ne tient point au même ordre des divisions, puisque, d'après le projet du Comité, il n'y en aur qu'une pour plusieurs Départemens.

L'Assemblée n'ayant pas encore discuté ce projet, c'est remplir un devoir important, que de soumettre à sa sagesse les observations qui pourront la déterminer, & sur le nom des Cours-Supérieures par chaque arrondissement de Département, & sur les lieux à choisir pour le siége de chacune d'elles.

La ville de Caen a cru devoir s'acquitter de cette obligation, en présentant à l'auguste Assemblée quelques réflexions à ce sujet relativement à la Basse-Normandie.

Si l'on adoptoit littéralement le projet du Comité de Constitution, la Normandie sembleroit ne pas devoir espérer de Tribunaux Supérieurs, puisqu'elle n'aura que cinq Départemens, & que le plan du Comité est de

n'établir qu'une Cour par trois ou quatre Dé-
partemens ; mais il a ajouté pour correctif,
que la néceſſité des lieux déterminera à ce ſu-
jet. Il paroît donc certain que la Normandie aura au moins deux Cours Supérieures.

En conſultant l'étendue territoriale , qui
eſt la principale baſe adoptée par l'Aſſemblée , dans ſon grand ſyſtême de diviſion ,
& qui doit ſervir ici plus particuliérement
encore de règle & de principe ; il paroîtroit
qu'en ſuppoſant le maintien des limites de la
Province , ſans aucun mélange avec les Provinces environnantes , le reſſort de la premiére
des Cours Supérieures devroit embraſſer les
Départemens de Rouen & d'Evreux ; & celui de la ſeconde , les Départemens de Caen
& de Coutances : le Département d'Alençon
ſeroit alors néceſſairement partagé entre l'un
& l'autre Arrondiſſement.

Peut-être voudroit-on que l'on ne diviſât
point , ſous le rapport de l'ordre Judiciaire ,
ce qui eſt vu ſous le rapport de l'Adminiſtration. Mais d'abord les baſes de diviſions
ne ſont pas néceſſairement les mêmes ſous
un rapport que ſous l'autre ; & d'ailleurs lorſ-
que les localités s'oppoſent à un certain ordre de choſes , pour des objets qui leur ſont

effentiellement fubordonnés , il eft indifpenfable de céder aux convenances , & de ne pas tenir à une divifion fyftématique de pure théorie, ou même rigoureufement egale. Le Comité de Conftitution a tellement penfé de cette maniére, qu'il a prévu le cas où le reffort d'une Cour Supérieure pourroit être régi par plufieurs Coutumes.

En adoptant donc l'hypothèfe de la divifion que l'on vient de fuppofer pour les deux refforts , il eft hors de doute que le fiége de la premiére des deux Cours - Supérieures ne peut être que Rouen , tant à caufe de fa pofition , qu'à caufe de fon importance & de fa poffeffion d'état à ce fujet, s'il eft permis de parler ainfi.

Le Comité général , Municipal & permanent de la Ville de Caen ofe foutenir que par les mêmes confidérations , cette Ville feule peut être choifie pour l'établiffement du fecond Tribunal Supérieur de la Province.

D'abord par fa pofition. S'il eft vrai , comme on n'en peut douter , qu'une des premiéres confidérations d'utilité publique qui aient provoqué la régénération du pouvoir judiciaire , foit de rapprocher davantage la juftice

A 3

des juſticiables, & que conſéquemment la poſition topographique ſoit le premier objet qui doit fixer l'attention dans le choix des lieux qui feront les ſiéges des Tribunaux, & particuliérement du Tribunal central, du principal degré de la hiérarchie judiciaire dans chaque étendue de terrein donné, il eſt impoſſible de ſe refuſer à choiſir la ville de Caen pour le ſiége de la ſeconde Cour de la Normandie. Elle en occupe en effet le centre du reſſort que l'on ſuppoſe avec probabilité devoir lui être attribué au Nord-Oueſt; ſon point le plus éloigné n'eſt que de vingt-huit lieues, au Midi il eſt d'environ vingt & vingt-deux; ce qui établit une diſtance à-peu-près égale ſur la ligne de longitude. Caen ſe trouve auſſi ormer à-peu-près le point central ſur la ligne de latitude, puiſque, vers le Couchant, cette Ville n'eſt guére éloignée de ſon dernier point, que de dix-huit à vingt lieues, & de quinze à ſeize vers l'Orient. Cette poſition eſt certainement la plus convenable qu'il ſoit poſſible de déſirer, & celle qui approche le plus de la baſe topographique, les localités excluant en cette matiére la préciſion géométrique, & ne permettant pas que l'on ait jamais pu prétendre obtenir dans aucune Province peut-être, un point rigoureuſement central : & tel eſt à cet égard l'avantage de la

Ville de Caen , qu'il ne peut lui être difputé par aucune Ville de l'arrondiffement que fon reffort comprendroit.

Cherbourg , Valogne , Carentan font trop au Nord de la Province , & Saint-Lo , Coutances , Granville , Avranche , trop au couchant & au Sud-Oueft ; Vire , Mortain , Seez , Alençon , Argentan , fervent de barriére au Midi , comme Lifieux & Pont-l'Evêque à l'Orient ; Falaife , plus enfoncé dans l'intérieur eft trop rapproché du Midi , trop éloign' du Nord , & entouré de rayons abfolument inégaux ; Bayeux eft dans le même cas ; placé à-peu-près fur la même direction en latitude que Caen , il s'éloigne trop fur la longitude des lieux fitués au Midi , & les plus grandes diftances étant fur cette ligne , c'eft auffi fur elle qu'il eft important que le lieu à choifir approche le plus du point central.

Quand il feroit poffible , ce qu'on ne penfe pas , que le Cotentin crût trouver un peu plus d'avantage à reffortir de Bayeux , l'Avranchin & le pays de Houlme y trouveroient un grand inconvénient ; de même qu'ils pourroient défirer de reffortir de Falaife , tandis que le Cotentin auroit beaucoup à s'en plaindre. Caen eft au contraire dans la véritable

fituation qui peut accorder tous les intérêts.
La principale caufe qui doit fervir à déterminer le choix, réclame donc en fa faveur.

Les anciennes habitudes & les relations
des villes entr'elles tiennent à cette bafe, &
appellent auffi la Cour fupérieure à Caen.
L'adminiftration de la juftice y attire depuis
les tems les plus éloignés les habitans d'une
grande partie des contrées qui compofoient
fon reffort. Bayeux, Vire, Falaife, Torigni
ne font que des bailliages démembrés de fon
grand bailliage, & fon préfidial s'étend fur
le reffort de ces divers tribunaux fecondaires.
Comment pourroit-on efpérer de bouleverfer
cet ordre ancien, & rompre les rapports
qu'une longue habitude a confacrés? Pourquoi d'ailleurs dégrader fans néceffité par ce
bouleverfement fâcheux une Ville, que fon
importance avoit fait choifir pour fiége d'un
des principaux Tribunaux de la Province?
Quelles confidérations puiffantes ne faudroit-
il pas pour changer ainfi toutes les relations
judiciaires qui rapprochent les habitans d'une
grande portion d'une Province? L'empire de
l'habitude, fi difficile à détruire, importe peut-
être, plus qu'on ne penfe, au maintien de
l'harmonie fociale; & quoique l'on ait cru
néceffaire pour établir l'efprit [public d'é-

téindre l'efprit des Provinces, il n'eft pas moins vrai que le fuccès des innovations dépend beaucoup de leur rapprochement avec les antiques ufages.

Ce feroit, d'un autre côté, ne compter pour rien fous le point-de-vue de l'ordre judiciaire, la circonftance des rapports de commerce & d'affaires, liant chaque point de la Province avec le lieu où réfide le principal tribunal. Il n'eft cependant pas indifférent à l'ordre public & à l'avantage des particuliers, que les habitans d'un grand territoire puiffent trouver réunis dans le même lieu & le fiége de la Cour fupérieure près de laquelle les affaires litigieufes les appellent, & celui des négociations où les affaires commerciales les forcent d'aller journellement. Cette circonf-tance rend les voyages moins fréquens & moins coûteux, & remplit, par cela feule-ment, un des principaux objets de la régéné-ration du pouvoir judiciaire. Or, il eft certain que la majeure partie de la baffe-Normandie eft appellée dans la ville de Caen par des relations habituelles de négoce & d'affaires en tous genres, que fon établiffement & fa correfpondance journaliére entre Rouen, Paris & le refte de la province dont elle eft en quelque forte l'intermédiaire, y multiplient néceffairement.

Une autre confidération générale qui mé-
rite bien auffi de fixer l'attention , eft que les
grands établiffemens dans les petites villes
entraînent des inconvéniens , qui nuifent aux
avantages que l'on en pourroit retirer. L'af-
fluence qu'ils y attirent fait hauffer confidé-
rablement le prix des denrées & celui des
logemens ; de forte qu'ils pèfent à-la-fois &
fur celui qui eft obligé de s'y fixer , & fur
celui que les affaires y font féjourner momen-
tanément ; au lieu que dans une Ville plus
confidérable ces inconvéniens ou n'exiftent
pas , ou font extrêmement moindres. Ajoutez
que l'efprit de parti , des follicitations & de
captation , fi funefte à la fainte impartialité
de la juftice, peut fermenter avec bien plus
d'activité & de fuccès fur un théâtre étroit ,
où des rapports immédiats rapprochent plus
particuliérement les acteurs, où les intérêts
fe croifent & fe heurtent fans ceffe, où les
paffions plus refferrées agiffent avec plus de
force. Peut-il être enfin indifférent aux yeux
d'un adminiftrateur, fur-tout à l'époque de
la régénération de toutes les parties de l'Empire, d'enfévelir dans l'obfcurité d'une Ville
d'une moindre confidération un établiffement
important ; ou de maintenir, de rehauffer
par l'éclat de cet établiffement l'exiftence d'une

capitale, placée au centre d'une grande population, & verfant dans le tréfor de l'Etat des contributions confidérables ?

Il eft donc vrai de dire que tous les motifs d'utilité générale fe réuniffent pour obtenir à la ville de Caen la préférence qu'elle follicite. Les confidérations locales, non-moins déterminantes, viennent encore à l'appui.

D'abord, il eft de notoriété publique que la ville de Caen, fi digne de fixer les regards de l'Adminiftration par fon ancienneté, fon étendue, la beauté de fa fituation & de fes édifices, fa population, l'activité de fes habitans, & l'importance dont elle eft dans l'état des contributions, languit cependant fans commerce, fans manufactures, fans moyens aucuns de faire valoir fes avantages.

La confidération politique qui exige que l'on protége les grandes Villes, tant pour l'éclat de l'Empire que pour l'avantage des Provinces, réclame donc en faveur de la ville de Caen un fecours puiffant qui la tire de fa léthargie, lui donne une activité nouvelle, & lui reftitue le rang qu'elle occupoit anciennement lorfqu'elle fut choifie plufieurs fois pour le fiége de l'Echiquier, comme elle demande aujourd'hui à l'être pour celui d'une Cour Supérieure.

Certes une honorable concurrence eft réfervée aux Villes voifines pour cette grande formation ; mais la ville de Caen en auroit-elle moins le droit de faire valoir à cet égard les efpérances que lui font concevoir & fon Univerfité juftement célèbre , & les Membres diftingués dont fon Tribunal s'honore ?

Mais une confidération infiniment puiffante , fur-tout dans les circonftances actuelles eft celle de l'exiftence des édifices propres à l'établiffement du Tribunal dont il s'agit. On termine en effet actuellement un monument public qui étoit deftiné au Bailliage, & ce monument très-coûteux eft digne par la grandeur & par la beauté de fa conftruction de fervir à l'ufage d'un Tribunal plus nombreux & plus important. On épargneroit donc la dépenfe de la conftruction d'un nouveau bâtiment , pour convertir à cet ufage des édifices qui n'y auroient pas été deftinés. Dépenfe énorme, qui formeroit un impôt nouveau, dont chaque habitant de la Province devroit augmenter le fardeau de fa contribution. On peut affurer qu'il n'eft pas de Ville dans la Province qui offre un avantage de ce genre ; avantage qui certainement seroit seul d'un très-grand poids pour la décifion, quand la ville de Caen n'y réuniroit pas tant d'autres motifs de préférence ; & puifqu'il s'agit de monument public, ne peut-elle pas auffi mettre dans la balance les travaux de fon Canal, & ceux du nouveau Port auquel ils doivent donner lieu, pour être eux-mêmes de quelque utilité ? Ces travaux promettent à la Ville de Caen l'exiftence la plus floriffante ; elle deviendra l'entrepôt de toute la navigation de la Manche, le centre du commerce de toute la Baffe-Normandie, & néceffairement le rendez-vous journalier des habitans de tous les points de cette Province. De-là l'avantage d'y établir le Tribunal fupérieur, non-feulement comme dans le Chef-lieu de toute la Province, mais encore comme dans le Siége habituel des affaires de tous les jufticiables ; tandis qu'au contraire, fi l'on prive la Ville de Caen de cet avantage, la confidération qu'il entraîne fe portant fur une autre Ville, l'importance de celle de Caen diminuera en proportion, les travaux commencés feront négligés, & les fommes immenfes qu'ils ont déjà coûté à la Province, perdues fans retour.

Telles font les derniéres raifons de préférence que la ville de Caen fait valoir ; on

ne leur oppofera pas fans doute la décifion de
l'Affemblée, fur la réunion de plufieurs établiffemens dans le même endroit. D'abord ce
Décret ne défend pas cette réunion ; mais il
prononce feulement qu'elle ne devra pas avoir
lieu néceffairement. Il laiffe à déterminer la
réunion ou la divifion d'après les convenances locales ; & l'on a vu qu'elles réclament toutes en faveur de la ville de Caen, tant pour
l'établiffement du département que pour celui
du Tribunal fupérieur. D'ailleurs Caen avoit
une Intendance qu'il n'aura plus, il a donc
fallu l'en indemnifer par une Affemblée admi-
niftrative ; il avoit un Grand-Bailliage, & il
n'auroit plus qu'un Tribunal très - réduit, il
a donc de juftes droits auffi à une Cour-Su-
périeure. D'autres Villes auront à la fois un
Evêché, un Chapitre confidérable, une Affemblée du diftrict, & un Tribunal quelcon-
que ; pourquoi donc Caen ne pourroit-il réu-
nir un Département & une Cour ?

Ainfi la pofition topographique de Caen,
fon étendue, fon importance, fa population, fa
contribution fon ancien état, fes édifices, les
travaux qui y font commencés, les reffources
en tous genres qu'elle offre pour le fuccès des
établiffemens à faire, & le befoin qu'elle a elle-
même de nouvelles reffourçes pour fubfifter,

tout fe réunit pour obtenir de la fageffe de
l'Affemblé Nationale, la préférence qu'elle follicite. Telle eft même fa confiance dans la
folidité des raifons dont elle s'appuie, & dans
les lumiéres & l'impartialité des Villes voifines, qu'elle ofe efpérer qu'on les verra ap-
plaudir à fa demande, & déterminées à la fois
par le fentiment de la juftice & par celui de
leurs avantages particuliers, réclamer pour la
ville de Caen un établiffement dont il leur eft
refpectivement très - utile qu'elle jouiffe, dès
qu'elles ne peuvent le pofféder elles-mêmes.

Signé. SIGNARD D'OUFFIERES,
Ex-Préfident.

BOUCON LONGRAIS, *Vice-Préfident.*

A CAEN,

De l'Imprimerie de G. LE ROY, feul Imprimeur
du Roi, & du Comité. 1790.